Titel der Originalausgabe: Le long sommeil

2. Auflage 1996

Deutsch von Eva-Maria Busch

Gedruckt in Tschechien
ISBN 3-7655-6270-X

Claude Helft / Anne Velghe

Wann gehst du schlafen, kleiner Bär?

Mit Illustrationen von Anne Velghe

BRUNNEN
VERLAG GIESSEN · BASEL

Boris, der kleine Braunbär, tobt vergnügt im Garten umher. Er wälzt sich in den bunten Blättern, die von den Bäumen gefallen sind. „Hallo, Boris!“ ruft ihm das Eichhörnchen zu. „Merkst du nicht, daß der Winter kommt? Bären wie du schlafen doch im Winter!“

Boris geht ins Haus.
Richtig, Zeit zum Schlafengehen.
Boris seufzt.
Mmh ... Aber ich bin noch gar nicht fertig!
Mein Bett ist noch nicht gemacht, und ich
muß erst noch aufräumen!
Und außerdem ... die Maus ist mir ständig
im Weg!

Boris geht in die Küche.
„Bevor ich schlafen gehe, muß ich noch etwas essen“, sagt Boris zu sich. „Ich habe ein bißchen Hunger.“
„Hände weg!“ ruft die Maus. „Der Honig gehört mir!“
Gefräßiges kleines Ding, denkt Boris und fragt höflich:
„Bekomme ich wenigstens den Rest vom Löwenzahnsirup?“

„Fast hätte ich's vergessen“, ruft Boris.
„Ich muß meinen Freunden im Garten ein Futterhaus für den Winter bauen. Versprochen ist versprochen. Das muß ich auf jeden Fall noch erledigen, bevor ich schlafen gehe.“

„Hallo, Boris!“
Am Gartenzaun steht der alte Wolf mit einem Korb voller Lebensmittel.
„Brauchst du noch Vorräte für den Winter?“ fragt er. „Ich habe einen leckeren Kuchen und ganz frische Butter.“
„Ich brauche nichts“, sagt Boris und macht sich eilig wieder an die Arbeit.

„Ach ja“, sagt Boris. „Jetzt muß ich wirklich schlafen gehen. Aber vorher will ich noch einen Gruß an meine Freunde schreiben. Es dauert so lange, bis ich sie alle wiedersehe!“ Zuerst schreibt Boris an die Maus:

Liebe Maus,
ich lade Dich ganz herzlich
zu meinem Frühlingsfest ein.
Bis dann!
Gruß Boris

Liebe Maus,
ich lade Dich ganz herzlich
zu meinem Frühlingsfest ein.
Bis dann!
Gruß Boris

Das Eichhörnchen und die Maus fangen schon an, den Weihnachtsbaum zu schmücken.
„Ich weiß“, sagt Boris, „es wird höchste Zeit, daß ich schlafen gehe.
Aber vorher will ich lieber noch bei der Wetterstation anrufen. Vielleicht wird es ja sehr kalt im Winter. Dann muß ich dicke Socken anziehen und meinen warmen Schlafanzug heraussuchen, damit ich im Bett nicht friere!“

„Ich gehe sofort ins Bett, ganz bestimmt! Und ... äh ... hebt meine Weihnachtsgeschenke auf! Vielleicht schenkt mir jemand ein Glas Honig? Die Maus hat doch alles aufgegessen!“

5
6
4
7
8
9

ALICE
BABAR

Ahh! Endlich im Bett! Boris reibt sich die Augen.
„Die Tür ist zu, meine Zähne sind geputzt ... Warum kann ich bloß nicht einschlafen?
Vielleicht hilft es, wenn ich Schäfchen zähle:
Eins, zwei drei,
das vierte springt vorbei.
Fünf, sechs, sieben,
wo ist der Rest geblieben?
Acht, neun, zehn ..."

Nein, das hilft nicht.

Der Mond scheint vom Himmel genau ins Fenster herein. Sein Lichtstrahl kitzelt Boris an der Nase. Boris steht noch einmal auf und wirft einen Blick aus dem Fenster.

Am dunklen Nachthimmel sieht Boris die helle Mondsichel und unzählige goldene Sterne.
„Gute Nacht“, ruft er leise. „Gute Nacht, lieber Mond. Fällst du auch nicht vom Himmel, während ich schlafe?“
Und da antwortet der Mond ganz leise, so leise, daß es nur kleine Bären hören können:

Schlaf ein, kleiner Bär, ich bleibe hier stehn,
drum kannst du ruhig schlafen gehn.
Und über uns allen hält einer die Wacht,
der Vater im Himmel, der uns alle gemacht.
Schlaf ein, kleiner Bär, gute Nacht!

Boris winkt dem Mond noch einmal zu ...

und dann kuschelt er sich unter seine Bettdecke.
Es dauert nicht lange,
da ist Boris fest eingeschlafen.

Schlaf gut, kleiner Bär!